BIOGRAPHIE

de

LOUIS D'AGUILLON

BRIGADIER DES ARMÉES DU ROI, AU CORPS ROYAL DU GÉNIE

SUIVIE D'UNE

NOTICE HISTORIQUE

Sur la découverte et le rétablissement de l'ancien AQUEDUC ROMAIN D'ANTIBES par les soins de cet Officier général

PAR

OCTAVE TEISSIER.

1858.

Draguignan, typ. de P· GIMBERT.

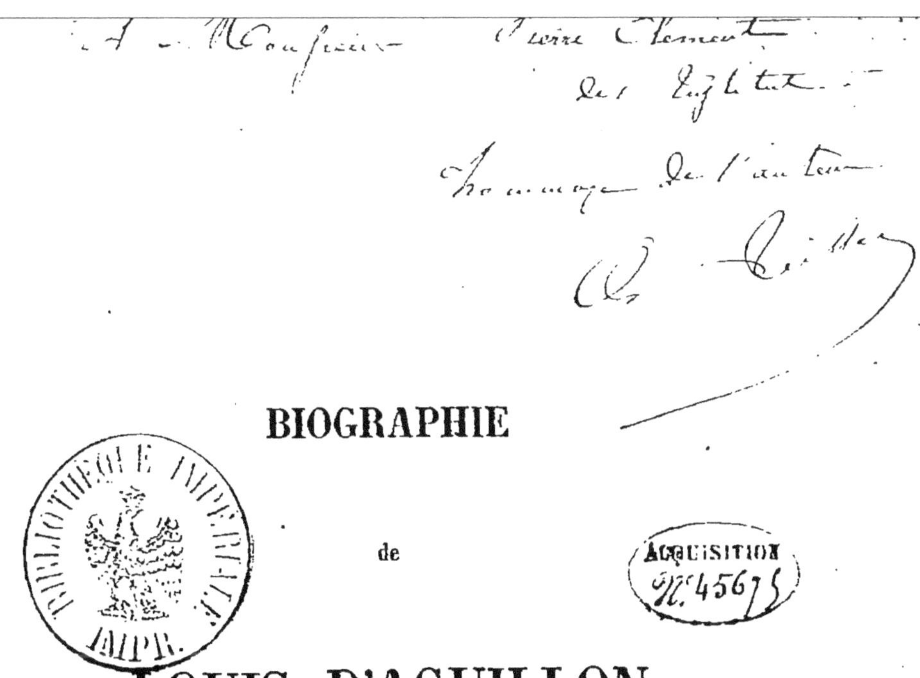

BIOGRAPHIE

de

LOUIS D'AGUILLON

BRIGADIER DES ARMÉES DU ROI, AU CORPS ROYAL DU GÉNIE

1725-1812.

BIOGRAPHIE

DE

LOUIS D'AGUILLON

BRIGADIER DES ARMÉES DU ROI, AU CORPS ROYAL DU GÉNIE.

1725-1812.

———

Louis Aguillon (1), né à Toulon le 28 janvier 1725, était fils de Pierre-François-César Aguillon, trésorier provincial au corps royal de la marine, et de demoiselle Lajard.

Il montra, dès ses premières années un goût très prononcé pour l'état militaire. C'était alors une profession tout à fait ingrate pour qui n'était pas noble. Cependant son père, reconnaissant en lui une vocation véritable, ne s'opposa pas à ses désirs; mais avant de lui donner son consentement, il crut devoir le prémunir contre les désenchantements qui l'attendaient. Il lui fit remarquer que l'infériorité de sa condition sociale serait un obstacle certain à son avancement; que très souvent, un jeune homme de famille, sans aptitude aucune et sans autre droit que son titre de noblesse, viendrait occuper le grade auquel lui, ancien et bon serviteur, croirait avoir des titres incontestables; il lui dit, enfin, que l'unique moyen de faire pencher la balance en sa faveur, était de se distinguer par des talents exceptionnels, hors ligne, de forcer, en un mot, la fortune à venir à lui.

Ces observations, loin de décourager le futur général, stimulèrent sa vocation; et la pensée de se frayer un chemin par son seul mérite, lui donna un ardent désir de s'instruire. Le travail, qu'il aimait déjà, devint pour lui plus attrayant que toutes les distractions de son âge.

(1) Le général d'Aguillon, n'appartenait pas à la noblesse par sa naissance; il fut anobli par le fait de sa nomination au grade d'officier-général, en vertu d'un édit du mois de novembre 1750.

Nous connaissons une particularité de sa jeunesse qui témoigne jusqu'à quel point il poussait cet amour de l'étude.

Il se préparait, par de fortes études, à concourir pour un emploi d'élève ingénieur, lorsque son professeur de mathématiques, jésuite de beaucoup de mérite, fut nommé aumônier sur le vaisseau le *Borée*. Ce vaisseau allait mettre à la voile pour reconduire à Constantinople, Mohamed Effendi, ambassadeur de la Porte-Ottomane, et devait demeurer dans ces parages pendant deux ou trois mois.

Il fallait donc, ou discontinuer les leçons de mathématiques, ou choisir un autre professeur. Louis Aguillon ne pouvait se résigner à aucun de ces deux partis. Interrompre ses études c'était retarder le moment où il se présenterait aux examens, et changer de professeur lui répugnait infiniment, car il craignait de ne pouvoir pas faire d'aussi rapides progrès dans la science avec tout autre. Il résolut de suivre l'aumônier en Orient.

Cette idée parut d'abord un peu étrange à M. Aguillon père; cependant il réfléchit que la grande sympathie qui existait entre l'élève et le professeur, ne pouvait que tourner au profit du premier, et il consentit au départ de son fils. — Le commandant du *Borée*, M. de Caylus, était précisément de ses amis, il lui fit part de ce projet. — M. de Caylus n'y vit aucun empêchement sérieux; il objecta seulement qu'il fallait, au préalable, faire inscrire le jeune homme sur les rôles de l'équipage, à un titre quelconque. — Louis Aguillon accepta cette condition et fut embarqué le 25 août 1742, sur le *Borée*, en qualité de pilotin surnuméraire. — Il avait alors 17 ans.

Après un séjour de trois mois à Constantinople, l'élève et le professeur rentrèrent à Toulon. Loin d'avoir perdu son temps pendant ce voyage, le jeune Aguillon s'était appliqué avec une nouvelle ardeur à ses chères études de mathématiques. Il les poursuivit pendant deux ans encore, et lorsqu'il se présenta pour subir les examens d'élève ingénieur, il obtint une des meilleures places du concours. Il fut admis ensuite dans l'école spéciale du génie qui venait d'être créée dans la ville de Mézières (1).

C'était un grand point; mais ce n'était pas tout: les jeunes gens ad-

____

(1) Cette école subsista jusqu'en 1793 (9 septembre), et ne fut réorganisée à Metz, qu'en 1795.

mis à l'école préparatoire, n'obtenaient leur brevet d'ingénieur qu'après avoir subi de nouvelles épreuves.

En sortant de l'école et avant de faire partie des brigades, on les incorporait, pour perfectionner leur instruction, dans les compagnies des mineurs et sapeurs de l'artillerie, où ils demeuraient deux ans. Ils passaient ensuite deux ans, en qualité d'élèves ingénieurs, dans les brigades du corps du génie, et deux autres, enfin, dans des régiments d'infanterie, pour se mettre au fait des manœuvres des troupes. A cette époque ils subissaient un nouvel examen, pour justifier de leurs connaissances générales sur toutes les questions stratégiques, et prouver qu'ils étaient en état de remplir convenablement les fonctions d'ingénieur, dans les circonstances les plus difficiles. Alors, seulement, ils obtenaient une lieutenance dans une des 21 brigades du génie (1).

Après avoir subi ces diverses épreuves, Louis Aguillon fut nommé lieutenant en premier, à Strasbourg. En 1759, il était capitaine dans la même brigade; en 1777, il fut nommé ingénieur en chef à Antibes, avec le titre de brigadier des armées du roi; en 1786, on lui donna la brigade plus importante de Bastia, et le 9 mars 1788, il fut promu au grade de maréchal de camp.

La simple mention d'une telle fortune militaire suffirait à l'éloge d'un homme qui eut combattu pendant les guerres de la révolution et de l'empire, époque où le mérite pouvait, comme aujourd'hui du reste, prétendre à tout: que ne témoigne-t-elle donc pas en faveur de Louis Aguillon, qui vivait dans un temps où il était si difficile, à moins d'être gentilhomme, de franchir certains grades !

Le nombre des militaires non nobles qui atteignaient les premiers grades de l'armée était si restreint, en ce temps là (2), que Louis XV

---

(1) Chaque brigade était composée d'un chef de brigade, ayant commission de colonel; d'un sous-brigadier, d'un major, de quatre capitaines en premier, de cinq capitaines en second et de trois lieutenants en premier.

(2) Voici quelques renseignements statistiques qui démontrent l'exactitude de ce fait.

1er janvier 1780.

953 officiers généraux, dont 905 gentilshommes et 48 non nobles. (Anoblis par le grade).

crut pouvoir, sans rendre cette faveur trop commune, décerner des titres de noblesse à tous les officiers généraux.

L'édit qu'il rendit à cet effet, dans le mois de novembre 1750, contenait les dispositions ci-après :

« Art. III. Voulons qu'à l'avenir le grade d'officier général confère la
« noblesse de droit à ceux qui y parviendront, et à toute leur postérité
« légitime, lors née et à naître ; et jouiront nosdits officiers généraux
« de tous les droits de la noblesse, à compter du jour et de la date de
« leurs lettres et brevets. »

En vertu de cet édit, Louis Aguillon fut anobli, à partir du jour de sa promotion au grade de maréchal de camp, ou même de celui de brigadier des armées du roi (1).

Louis d'Aguillon était un ingénieur distingué : les travaux importants qu'il fit exécuter à Antibes, en témoignent hautement.

Le port de cette ville était depuis longues années, lorsqu'il y vint oc-

1ᵉʳ janvier 1857.

484 officiers généraux (activité ou réserve), dont 156 titrés et 328 non titrés.

Pour compléter cette statistique, qui ne manque pas d'avoir son enseignement historique, nous donnons ci-après le détail des deux catégories, en 1789 et en 1857.

Officiers généraux.

	1789.	1857.
Princes	23	2
Ducs	45	3
Marquis	211	11
Comtes	259	30
Vicomtes	40	6
Barons	65	35
Chevaliers	65	»
Nobles (la particule seulement).	197	69
Nobles.	905	156
Non titrés.	48	328
En 1789	953	En 1857 . . . 484

(1) Les brigadiers étaient appelés aussi colonels, mais ils avaient une autorité supérieure ; ils prenaient rang entre ces derniers et les maréchaux de camp. Ils avaient évi-

cuper les fonctions d'ingénieur en chef, presque entièrement encombré par les sables du Var, et ne pouvait plus contenir que des bâtiments d'un faible tirant d'eau; il sollicita et obtint de la communauté, des États du pays et du gouvernement, les fonds nécessaires pour le dégager et parvint, en peu de temps, à le rendre accessible aux plus gros navires du commerce et aux frégates elles-mêmes.

Mais le plus remarquable des travaux qu'il mena à bonne fin, fut celui du rétablissement de l'aqueduc romain d'Antibes (1).

En moins de deux ans, cet aqueduc d'une étendue de 5 kilomètres, dont une partie traverse la montagne, fut déblayé et reconstruit, et l'eau arriva abondante et limpide dans la ville d'Antibes.

On admira l'habileté avec laquelle ces travaux difficiles avaient été conduits, et la promptitude de leur exécution. Alors, les mêmes personnes qui avaient nié la possibilité du rétablissement de l'aqueduc, et celles qui avaient fait le plus d'opposition aux projets de l'ingénieur, furent obligées de lui rendre justice. De l'hostilité on passa à l'enthousiasme. La communauté lui vota des remerciements chaleureux et lui demanda l'autorisation de graver une inscription commémorative sur une des fontaines qu'on allait construire (2). L'assemblée des États de Pro-

demment les prérogatives des officiers généraux. Cela résulte, en effet, de la législation militaire de l'époque : Ainsi, une ordonnance du 10 mars 1673 portait que « tout bri-
« gadier, muni de lettres de service, devait commander à tous colonels ou mestres de
« camp. » — Une autre ordonnance, du 1er mars 1768, était ainsi conçue : « S'il se
« trouve dans le même district ou dans la même place, plusieurs officiers généraux ou
« brigadiers, le commandement appartient à l'officier général supérieur ou plus ancien
« de grade. »

Ce qui nous fait supposer, en outre, que les brigadiers avaient rang d'officier général et que dès lors ils étaient anoblis par l'édit de 1750, c'est que dans les délibérations de l'assemblée des États de Provence, relatives à la découverte de l'ancien aqueduc romain d'Antibes, par M. le brigadier des armées du roi, Louis d'Aguillon, on trouve partout le nom de cet officier du génie, écrit avec la particule ; or ces délibérations sont datées de 1784 et il ne fut promu au généralat qu'en 1788.

(1) Voir ci-après la *Notice Historique* sur la découverte et le rétablissement de cet ancien monument, par M. d'Aguillon.

(2) Voici la teneur de la délibération qui fut prise à cette occasion par la communauté d'Antibes, le 10 juillet 1785 :

vence, lui adressa des félicitations et décida sur la proposition de la communauté d'Antibes, qu'il y avait lieu de lui offrir à titre de récompense publique, un présent d'une valeur de mille écus. (On en acheta de la vaisselle plate).

Le roi lui accorda une pension de 1,500 livres et l'éleva peu de temps après, comme nous l'avons vu, au grade de maréchal de camp (1).

Il fut très sensible assurément à toutes ces récompenses; il les accueillit avec bonheur. Mais rien ne l'émut et le rendit heureux comme les acclamations de reconnaissance que les habitants d'Antibes firent éclater au moment où ils reçurent cette eau si longtemps désirée. Le général en conserva toujours le souvenir, et il disait souvent que s'il

« Lecture faite du rapport des sieurs Bernard et Veutrin, et de celui du sieur Mauric, le conseil, considérant que le moment où la ville doit recueillir les fruits les plus avantageux des peines et soins que M. d'Aguillon a bien voulu se donner....

« Considérant enfin, qu'on ne saurait trop multiplier les remerciements, et les témoignages de la plus grande gratitude qui sont dûs à M. d'Aguillon, pour le cours qu'il a donné aux sentiments de bienfaisance dont il est animé pour la ville, et dont les habitants profiteront journellement, il a été délibéré, à la pluralité des voix, et chargé les sieurs Maire et Consuls, avec les sieurs Bernard, Veutrin et Giraud, députés à cet effet, de présenter à M. d'Aguillon, au nom de la communauté, les remerciements les plus étendus et les plus vifs, et la reconnaissance la plus affectueuse, sur ses bontés pour la ville, et de le prier de ne pas trouver mauvais que, pour lui donner une preuve non équivoque de gratitude, son nom soit inscrit à une des fontaines qui seront construites. »

Une inscription fut en effet gravée sur la principale fontaine d'Antibes, et elle existe encore. Nous en avons donné la copie dans un précédent article relatif à la découverte de l'aqueduc romain.

(1) M. de Calonne, alors contrôleur général, écrivit à l'occasion de ces travaux, une lettre très flatteuse à M. d'Aguillon. Elle se terminait ainsi : « Je suis charmé, monsieur, « que le succès ait couronné vos soins et vos travaux. Vous aurez la gloire d'avoir fait « sortir un monument aussi respectable, par son antiquité, qu'intéressant par son utili- « té, du néant où il se trouvait enseveli. M. de Rosière ne m'a point laissé ignorer combien « bien d'intelligence, d'habileté et d'économie, vous avez apporté dans cette entreprise. « Je me feray un vray plaisir d'en rendre compte au roy, et de faire en sorte qu'un té- « moignage de la satisfaction de Sa Majesté mette le comble à celle que vous éprouvez « déjà d'être le bienfaiteur d'une ville importante. »

« Versailles, le 12 août 1785. »

eut dans sa vie, qui devait s'achever si tristement, un jour de bonheur splendide, de suprême orgueil, ce ne fut pas celui où il remporta une des premières places au concours des élèves ingénieurs, ni celui où, parvenu au grade d'officier général, il devint noble par droit de mérite; — il fut heureux pour toute sa vie le jour où après des peines infinies, des obstacles nombreux, difficilement surmontés, il vit arriver dans la ville d'Antibes une magnifique colonne d'eau, débouchant d'un aqueduc construit depuis dix-huit siècles, détruit et oublié depuis plus de mille ans, et ressuscité par ses soins, pour venir porter l'abondance à cette population qui l'acclamait et l'appelait son bienfaiteur.

Mais le bonheur n'est jamais de longue durée. Louis d'Aguillon devait payer bien cher les quelques années pendant lesquelles tout lui avait réussi. La révolution qui survint, peu de temps après sa nommination au grade de général, le jeta, en effet, dans les agitations politiques, et après avoir assisté aux évènements désastreux dont sa ville natale fut le théâtre, il alla mourir en émigration.

Sa vie si honorable et nous dirons même si glorieuse, devait se terminer de la manière la plus pénible : quelle que soit, en effet, la cause d'un exil, il n'en est pas moins cruel pour qui aime son pays, et les circonstances de son émigration, que nous allons brièvement rappeler, furent des plus désolantes.

La révolution le trouva à Toulon.

Il accueillit d'abord avec enthousiasme les premières réformes sociales proclamées par l'Assemblée nationale. Rempli de confiance dans l'œuvre de régénération qu'elle paraissait vouloir accomplir, il applaudit à toutes les mesures qui furent prises par cette Assemblée et se montra prêt à la soutenir de sa personne et de sa fortune. Lorsque le décret du 6 octobre 1789, sur la contribution patriotique, fut connu à Toulon, il s'empressa d'aller déposer à la municipalité, toute son argenterie, dans laquelle se trouvait la vaisselle plate qui lui avait été offerte par la communauté d'Antibes. Ce sacrifice dût lui être pénible; car c'était se séparer pour toujours d'un précieux souvenir qu'il tenait de la reconnaissance publique.

L'offrande de M. d'Aguillon fut considérable. « Vingt-trois personnes, « dit M. Henri, dans son *Histoire de Toulon*, déposèrent le même jour « de la vaisselle plate, et des joyaux et bijoux dont la totalité s'éleva à

« 510 mars, 7 onces, 5 gros. Sur cette quantité, il y avait 282 marcs
« déposés par le seul M. d'Aguillon, maréchal de camp. » (T. I. p. 71).

Ainsi M. d'Aguillon donna plus à lui seul, que les vingt-deux autres
personnes qui firent leur offrande le même jour. Les 282 marcs d'argent
qu'il offrit représentaient une somme de 15,540 fr. en évaluant la valeur
du marc à 55 francs. (1).

En 1792, le général d'Aguillon fit un nouveau sacrifice; il remit à la
municipalité sa croix de Saint-Louis. Nous avons lu son nom sur une

(1) M. Henri fait remarquer, avec un juste orgueil, que la ville de Toulon donna
l'exemple des dons patriotiques. En effet, le 19 septembre 1789, les membres d'une
société philanthropique se trouvant réunis, eurent la pensée de faire abandon à la patrie,
des boucles d'argent de leurs chaussures; et, ce ne fut que quinze jours après, soit le
6 octobre 1789, que les députés de l'Assemblée nationale, votant le décret de la contribution nationale, détachèrent également les boucles de leurs souliers, les déposèrent sur
la table du président. Cette manifestation leur avait été évidemment inspirée par l'initia-
tive des Toulonnais, dont toute la France s'était entretenue. (Voy. *Hist. de Toulon* par
M. Henri, t. I. p. 72).

Ces dons patriotiques, de volontaires qu'ils étaient au début, devinrent bientôt obli-
gatoires. Ainsi il arriva un moment où la municipalité de Draguignan, entr'autres, crut
devoir d'office collectionner tout le cuivre qui se trouvait dans la ville. On commença
par supprimer les marteaux des portes, comme objet de luxe : un coup de poing ou de
pierre pouvant parfaitement remplacer ce meuble aristocrate. Après les marteaux on son-
gea à certaines pommes de cuivre qui ornaient dans les maisons bourgeoises, les rampes
des escaliers; les agents de la commune reçurent, à cet effet, la mission, d'entrer dans
toutes les maisons et de supprimer au plus tôt tous ces ornements inutiles. L'opération fut
faite avec conscience, il ne resta bientôt plus la moindre superfluité reluisante nulle
part : les officieuses (domestiques) avaient sans doute trempé dans cette conspiration
contre le cuivre; elles durent s'employer à l'expulsion de l'objet incriminé, dont
l'entretien était fastidieux et dégradant pour ces patriotes en jupon. Souvent les
agents de la communauté, voulant faire preuve de civisme, profitèrent de l'occasion
pour enlever tout ce qui leur paraissait suspect. Ainsi, pour n'en citer qu'un exemple :
Après avoir débarrassé l'ancienne maison de l'évêché, de tout son cuivre, les patriotes
détruisirent les armoiries de l'évêque qui étaient sculptées sur les portes. Mais leur zèle
ne s'arrêta pas là : Ils venaient de terminer la visite (nous allions dire le pillage) de la
maison suspecte, ils s'éloignaient avec le regret de ne l'avoir pas suffisamment nettoyée
de ses impuretés, lorsque l'un d'eux s'aperçut qu'il existait encore deux inutilités sub-
versives sur la façade de la maison. On y voyait, en effet, d'un côté la statue de la Vierge Marie et de l'autre celle de saint Augustin. Les ardents patriotes ne pouvaient évi-

liste qui fut envoyée à la convention nationale et qui donna lieu à la délibération suivante :

« Séance du mardi, 9 octobre 1792, sept heures du soir.

« Les administrateurs du département du Var, adressent à la convention une boîte contenant une croix de Cincinnatus, 67 croix de Saint-Louis, et une de commandeur de ce ci-devant ordre.

« Applaudissement. La mention honorable est décrétée. »

Cependant, la révolution suivait son cours destructeur. Les autorités républicaines qui administraient la ville de Toulon étaient débordées. Elles demeuraient impuissantes contre les excès qui faisaient ruisseler le sang dans les rues. « MM. Saqui des Thourets, Désidery, Sénès, de Rochemore, et un grand nombre de vertueux citoyens indignement massacrés, dit un historien de Toulon (1); le comte de Flote, traîné devant la porte de l'Arsenal, en présence des soldats et des ouvriers de la marine, spectateurs immobiles du supplice de leur chef; tant d'horreurs, tant de sang répandu n'avaient pu assouvir la rage de ces hommes féroces. »

Enhardis par le règne de la convention qui venait de commencer, ils le furent encore par l'arrivée des Jacobins qui fuyaient des villes in-

demment pas laisser subsister ces deux personnages en pierre, qui rappelaient un culte suranné, jugé inutile et dangereux. La mère du Sauveur et le savant Augustin, ci-devant aristocrate, furent déclarés suspects au premier chef. Immédiatement des cordes sont requises et un nœud coulant, fort adroitement jeté, fit dégringoler la coupable statue de la sainte Vierge. Vint ensuite le tour de saint Augustin, qui fut aussi prestement étranglé et jeté à bas. Ce n'était pas tout, il restait deux niches où on aurait pu remplacer des hôtes du ci-devant paradis. (Ils étaient si entêtés ces aristocrates !) On essaya donc de démolir les niches ; mais, après les premiers coups de marteaux, un voisin malicieux fit remarquer aux démolisseurs qu'ils faisaient une opération dangereuse. La maison, soutenue par de grosses barres de fer attenantes aux niches, pouvant parfaitement suivre la niche et les écraser. Cette considération refroidit le zèle des sans-culottes, qui renoncèrent à leur œuvre de destruction. Voilà pourtant comment les dons patriotiques (une bonne chose en soi) peuvent conduire à dévaliser et à démolir les maisons des donateurs.

Tous ces détails sont d'une rigoureuse exactitude. Nous les tenons d'un témoin oculaire, honorable entre tous, que nos lecteurs Draguignanais, ont déjà nommé.

(1) M. Pons. *Mémoires pour servir à l'histoire de Toulon*, page 10.

surgées contre la *Montagne*. Le club retentissait nuit et jour des motions les plus atroces. On y lisait les lettres de quelques députés du Var. « Il ne nous reste qu'un jour pour sauver la patrie, écrivait l'un d'eux; « demain il serait trop tard; le moment est arrivé où il ne faut voir « qu'elle, et frapper sans distinction tout ce qui fut son ennemi. »

Cet appel fait au crime ne fut que trop bien entendu. De nouvelles listes de proscriptions furent dressées. On ordonna à tous les propriétaires de faire connaître, par un écrit placé sur la porte d'entrée de leurs maisons, le nom, l'âge et le sexe de tous les individus qui les habitaient.

Dans le courant de mai 1793, soixante douze des plus notables citoyens furent arrêtés et enfermés dans les prisons du fort Lamalgue.

Au nombre de ces derniers se trouvait le général d'Aguillon qui, malgré son véritable patriotisme et les preuves qu'il en avait données, était devenu suspect aux hommes sans aveu et sans foi politique qui tenaient le pouvoir en ce moment de troubles. Cependant il ne demeura pas longtemps en prison; le 31 mai il fut mis en liberté sur les sollicitations de plusieurs habitants qui se portèrent caution de son civisme (1).

Ces évènements furent suivis d'une réaction à laquelle le général d'Aguillon eut le malheur de prendre part. Les royalistes mettant à profit la haine et l'épouvante inspirées par la conduite des Jacobins avaient organisé un complot contre la révolution, ou plutôt contre la *Montagne* qui jetait la France dans le deuil. Ce parti devint bientôt très puissant et commit, à son tour, quelques excès. Deux membres de la convention Bayle et Beauvais, commissaires à l'armée du roi, qui se trouvaient momentanément à Toulon, furent arrêtés et mis en prison. L'un d'eux se donna la mort.

Toulon fut mis hors la loi par la convention; cependant, comme à Marseille dans les premiers moments, et à Lyon pendant toute la durée du siège, les insurgés ne cessèrent dans le principe, de se montrer attachés à la forme républicaine.— Les royalistes et les fédéralistes étaient réunis par le besoin d'une défense commune; mais le drapeau tricolore flottait encore sur tous les édifices de la ville et sur les forts qui l'entourent.

Ce fut dans ces circonstances que le général d'Aguillon accepta le commandement du fort Lamalgue. « On s'aperçut, dit en effet, M. Pons, que le 8e bataillon qui était en garnison au fort Lamalgue, avait prêté l'oreille

(1) Voir *Hist. de Toulon*, par M. Henri : tome 2, page 281.

à des insinuations perfides; il fut aussitôt remplacé par 400 hommes de la garde nationale, et le commandement de cette forteresse importante fut donnée au maréchal de camp d'Aguillon (1). »

Lorsque le général eut visité le fort, il reconnut qu'il était dépourvu de munitions et hors d'état d'offrir la moindre résistance si on venait l'attaquer avec des forces organisées. Il réclama, mais ce fut en vain. Il voulut alors résigner son commandement : « le 25 août, dit l'ordonna-« teur Puissan, Aguillon désespérant de garder les forts, offrit sa dé-mission (2). »

Cette démission ne fut pas acceptée comme on le pense bien, car les royalistes avaient intérêt à maintenir le général dans le parti de l'insur-rection, et ils l'obligèrent à y demeurer, en lui laissant le commande-ment d'un fort.

Le 28 août, c'est-à-dire trois jours après la démarche faite par M. d'A-guillon, les anglais entraient dans Toulon.

Voici comment un historien impartial, M. Hugo, explique cet évènement à jamais regrettable : « La victoire du général Carteaux et les réactions « sanglantes dont elle fut suivie en faisant connaître aux Toulonnais le « sort qui les menaçait, les poussèrent à un parti extrême. Les royalistes « profitèrent de la position désespérée où la ville se trouvait placée pour « faire consentir les républicains à appeler à Toulon une escadre an-« glaise (3). »

Les royalistes n'avaient évidemment pas fait connaître au général d'Aguillon, l'intention où ils étaient d'appeler à eux les Anglais ; car s'il avait connu ce projet et surtout s'il avait été pour quelque chose dans l'alliance contractée avec eux, il ne se serait pas préoccupé si vivement du mauvais état de défense dans lequel se trouvait le fort Lamalgue. Que lui aurait importé le plus ou moins de munitions que renfermait le fort, s'il avait connu le dessein de le remettre entre les mains des Anglais ?

(1) Mémoire pour servir à l'*Histoire de Toulon.* Page 51.

(2) Voir une brochure intitulée : *Toute la France a été trompée sur l'évènement de Toulon en 1793.* Puissan, ex-ordonnateur de la marine (page 26).

(3) *La France Militaire*, par A. Hugo, tome 1er, page 145.

Ce qui eut lieu en effet, aussitôt après le débarquement des alliés, comme nous allons le voir.

« Les troupes anglaises, dit M. Pons (1), furent reçues sur le rivage par M. Deidier de Pierrefeu, membre du comité général, et un piquet de garde nationale commandé par M. Pierre Barralier. — Le 23 à midi, elles prirent possession du fort Lamalgue, dont *le commandement fut confié au capitaine de vaisseau Elphinstone, aujourd'hui lord Keith*. En lui remettant cette forteresse, M. Barralier aîné, le chargea de la défendre et de la conserver pour Louis XVII. »

Le général d'Aguillon n'avait pris aucune part dans cette insurrection ; cependant comme il avait accepté le commandement d'un fort des mains des royalistes, il se trouva gravement compromis et dut émigrer à la reprise de Toulon par les troupes françaises.

Le rôle passif que le général d'Aguillon joua à l'époque de l'entrée des Anglais à Toulon, fut si non une tache, du moins une faute et surtout un grand malheur.

Il quitta la France en fugitif et s'en fut terminer, dans l'oisiveté et les tristesses de l'émigration, une vie qui aurait pu encore être utile à sa patrie. Toutefois, constatons-le à sa louange, il ne prit jamais les armes contre son pays. — M. d'Aguillon vécut encore en Angleterre pendant longues années. Il oubliait en écrivant ses souvenirs de jeunesse, les malheurs de l'exil. Nous avons lu les mémoires fort intéressants qu'il a laissés sur différents objets. Les détails que nous donnons ci-après, sur la découverte de l'aqueduc romain d'Antibes, sont extraits de ces mémoires (2). Ils contenaient en outre, une relation fort curieuse du voyage que le général fit en Orient à l'époque où il étudiait les mathématiques. Cette relation est vraiment remarquable par la vigueur d'esprit qu'elle dénote chez son auteur, qui avait 85 ans lorsqu'il l'écrivit. Elle est, en effet, datée de 1810, et ce voyage dont il retrace toutes les circonstances avec une rare fidélité de détails, avait eu lieu en 1742.

Le général Louis d'Aguillon mourut à Londres en 1812. Il n'avait qu'une fille qui épousa un gentilhomme Flamand, M. de Madre. Cepen-

------

(1) Ouvrage cité, page 185.

(2) Voir la seconde partie de cette brochure.

dant son nom ne s'est pas éteint, car il avait plusieurs frères qui ont eu de la postérité. Mais comme ces derniers signaient Aguillon, sans la particule, beaucoup de personnes ont supposé qu'ils n'appartenaient pas à la même famille. Aussi M. Henri, dans son *Histoire de Toulon* (1), a-t-il écrit le nom du général avec un i, pensant probablement qu'il était parent avec le ministre d'Aiguillon, descendant de Richelieu.

Les registres de l'État civil que nous avons consultés nous ont donné l'exacte filiation de la famille des Aguillon de Toulon, dont le général était issu, et qui est aujourd'hui représentée par M. Camille Aguillon, agronome distingué, et auteur de plusieurs ouvrages très estimés sur l'horticulture ; c'est à l'obligeance de ce dernier que nous devons la communication des renseignements intéressants que nous avons publiés sur l'aqueduc d'Antibes.

Voici au surplus quelques détails biographiques sur cette famille.

PIERRE-FRANÇOIS-CÉSAR AGUILLON, trésorier provincial de la marine, né à Toulon en 1696, avait épousé en 1721, Mlle Paule Lajard et en avait eu dix enfants, cinq garçons et cinq filles.

L'aîné des garçons, LOUIS AGUILLON fut le général du génie dont nous venons d'écrire la vie.

Le second, ETIENNE, entra dans la marine fort jeune, et parvint au grade de capitaine de vaisseau.

Le troisième, GABRIEL, ancien avocat au parlement de Provence accepta des fonctions de magistrat sous la restauration et mourut président honoraire de la Cour royale d'Aix, le 25 août 1827.

Le quatrième, JOSEPH, était dans le commerce, et fit une assez belle fortune. Cette branche n'est représentée que par Mme Graëb, veuve de l'amiral de ce nom, qui commanda pendant quelques années la marine en Algérie.

Le cinquième, FRANÇOIS AGUILLON était également dans le commerce, mais il était en outre ingénieur civil. Il fut chargé en cette dernière qualité des travaux de l'approfondissement du port de Toulon en 1744.

Son fils Alexandre Aguillon fut député du Var, pendant la restauration, et a laissé à Toulon particulièrement les plus honorables souvenirs. Nous

____

(1) Tome II, page 184.

sommes certains de trouver de l'écho dans le cœur de tous nos compatriotes en disant que jamais homme public ne fut plus généralement aimé et regretté de ses concitoyens. Un écrivain fort distingué, qui l'avait suivi dans toute sa carrière politique, s'exprime ainsi sur son compte dans une notice biographique que nous avons sous les yeux :

« Dans tout le cours de sa carrière parlementaire, M. Alexandre Aguillon s'est montré le zélé et constant défenseur des institutions publiques, et ne s'est servi de la légitime influence dont il jouissait auprès de ses collègues, que pour faire consacrer des mesures propres à accroître le développement de la prospérité publique.

« L'âge et plus encore un sentiment de modestie bien rare de nos jours, le tenait éloigné de la tribune, mais la variété de ses connaissances et la rectitude de son esprit le rendaient très utile dans les commissions.

« Il se faisait remarquer, surtout dans la commission du budget de la marine dont il ne cessa de faire partie tant que dura sa carrière parlementaire.

« Aucun député n'avait étudié avec plus de soin toutes les questions qui se rattachent aux différentes branches de cette administration, et les nombreux abus qu'elle renferme, et qui se sont perpétués sous tous les régimes, trouvaient en lui un adversaire implacable. »

FIN.

NOTICE

sur

LA DÉCOUVERTE ET LA RECONSTRUCTION

DE L'ANCIEN

AQUEDUC ROMAIN

D'ANTIBES.

ANTIQUITÉS ROMAINES.

NOTICE

SUR

LA DÉCOUVERTE ET LA RECONSTRUCTION

DE

L'ANCIEN AQUEDUC ROMAIN D'ANTIBES

Par M. Octave Teissier,

MEMBRE DE PLUSIEURS SOCIÉTÉS ARCHÉOLOGIQUES & LITTÉRAIRES.

Antibes (Antipolis), fondée par les Phocéens, 340 ans environ av. J.-C. (1), ne fut d'abord qu'une station maritime, un port de refuge. Elle acquit ensuite une certaine importance par les relations commerciales qui s'établirent entre ses habitants et les peuplades de l'intérieur. Plus tard on l'entoura de remparts, pour la mettre à l'abri des attaques de ses voisins, les Déciates ; ceux-ci, en effet, gênés, dans leurs habitudes de piraterie, par la présence des Phocéens qui occupaient le littoral, avaient résolu de jeter à la mer ces étrangers envahisseurs.

____

(1) Quelques auteurs, s'étayant sur un passage assez obscur de Pto-

Telle fut, on le sait, la cause première de la conquête des Gaules par les Romains. Antipolis, et Nicœa sa voisine, assiégées vigoureusement par les Déciates et les Oxibiens, demandèrent assistance à Marseille. Mais, harcelée elle-même par les Salyens, et hors d'état de leur envoyer du secours la Métropole s'adressa à Rome pour obtenir aide et protection. Le Sénat romain s'empressa d'intervenir et, selon l'usage assez ordinaire, joua le rôle du troisième larron de la fable. Les choses se passèrent exactement ainsi. Consultons l'histoire et elle ne nous démentira pas. Nous y trouverons d'ailleurs quelques détails intéressants sur ce grand évènement :

« Le Sénat, dit M. Rouchon, voulut entrer en pourparler, et fit une ambassade aux Oxibiens. Les Romains se rendirent par mer à Ægytna, bourg principal de ce peuple ; mais les Oxibiens ne voulurent pas les entendre, et comme le député Flaminius avait déjà pris port avec ses ballots et ses serviteurs, ils le sommèrent de quitter la terre Sur son refus, on pilla ses bagages, on tua deux de ses gens, on blessa Flaminius lui-même qui, pour se sauver, fut réduit à couper les câbles de ses ancres. (155 av. J.-C.)

« Aussitôt le consul Quintus Opimius fut envoyé contre les ligures transalpins ; il prit le bourg d'Ægytna, et réduisit ses habitants en servitude. Dans une première affaire il défit les Oxibiens au nombre de quatre mille ; dans une seconde, il défit

lémée, ont essayé d'établir qu'Antipolis était l'ancienne capitale des Déciates ; cependant Strabon dit positivement que cette colonie fut fondée par les Marseillais, et, Pomponius Mela s'exprime de manière à ne laisser aucun doute sur l'existence d'une autre capitale des Déciates, il dit, en effet ; *Nicœa tangit Alpes, tangit oppidum Deciatum, tangit Antipolis.* (Lib. 11, § 5). Or si *Antipolis* et la *ville des Déciates* étaient l'une et l'autre situées près des Alpes, elles existaient simultanément et la confusion n'est plus possible.

les Déciates, renforcés des fuyards Oxibiens ; il obligea les uns
et les autres à donner des ôtages aux Marseillais, *et mit ses troupes en quartier d'hiver dans leurs villes* (154). Un peu après, sur
la plainte des Marseillais contre les Salyens, Marcus Fulvius
Flaccus, proconsul, vint dans la Ligurie transalpine, où il
battit les Salyens, et poussa même jusqu'aux Voconces.

« Le champ de la conquête devait s'agrandir de jour en jour.
C. Sextius Domitius Calvinus, proconsul, succéda à Fulvius
Flaccus. Il défit de nouveau les Salyens, contraignit leur chef
Teutomal à se réfugier chez les Allobroges peuple d'entre l'Isère
et le Haut-Rhône, et fonda, l'an 123 avant notre ère, une place
de guerre à quinze milles nord de Marseille. Ce fut là le premier
établissement romain formé en-deçà des Alpes, qui, de ses eaux
chaudes et du nom du fondateur, s'appela *Aquæ Sextiæ* (Aix
aujourd'hui) ....
César conquit le reste de la Gaule, d'où il forma une nouvelle
province, sans rien changer toutefois aux limites de la Narbon-
naise ....
Les Marseillais ne purent tenir contre César ; on leur fit livrer
les armes et les vaisseaux, les machines de guerre et l'argent de
l'épargne : l'image enchainée de la République fut vue au triom-
phe du vainqueur ; mais cependant la ville retint son gouvernement et ses lois. (49 av. J.-C.) (1) »

Ce fut ainsi que les Romains, qui n'étaient venus dans la
Gaule Celtique ou Transalpine, que pour protéger les Phocéens
contre leurs ennemis, l'envahirent peu à peu, et finirent par

______

(1) *Résumé de l'Histoire de Provence* (p. 21 et 33.)
Aix, 1828, par M. Ronchon-Guigues, conseiller à la cour impériale
d'Aix.—Ce petit volume in 32, véritable chef-d'œuvre de concision, renferme les notions les plus complètes et les plus exactes sur l'histoire de
la Provence. C'est un Vade-mecum indispensable pour quiconque s'oc-
cupe de l'histoire de notre pays. Il est malheureusement devenu très-rare.

s'emparer de Marseille elle-même, leur ancienne et fidèle al-
liée.

Ils avaient commencé par lui enlever Antipolis, sinon par la
force du moins par l'intrigue : « Excité sous mains par César,
dit Amédée Thierry, Antipolis, le plus populeux et le plus flo-
rissant des établissements massaliotes en Gaule, déclara tout-à-
coup appartenir au peuple romain, comme faisant partie de
l'Italie ; prétexte ridicule et grossièrement faux, puisque Antipolis était située sur la rive droite du Var, commune frontière
des deux pays. Néanmoins, le Sénat romain l'accueillit sérieu-
sement et le reconnut valable après délibération solennelle :
Antipolis, à droite du Var, fut donc dès lors ville italienne et
colonie latine, tandis que Nicæa, située à gauche et véritable-
ment en Italie, continua de rester ville grecque et colonie mas-
saliote. (1) »

Séduits par la magnifique, situation topographique d'Antipolis, les Romains voulurent en faire une ville de premier ordre.
Ils y construisirent grand nombre de monuments dont l'existence nous est attestée par une foule d'inscriptions, et par des
vestiges qui en révèlent l'antique splendeur. Antipolis eut un
théâtre, un arsenal maritime, un collége d'utriculaires, (bateliers que l'on nommait ainsi, selon Papon, parce qu'ils se servaient de véritables outres au lieu de barques), deux aqueducs
et tous les autres monuments qui constituent la grande cité.
Elle fut déclarée ville latine, *civitas latinûm* et reçut ensuite le
titre de municipe qui lui donna tous les droits dont jouissaient
les villes romaines (2).

(1) *Histoire des Gaulois, par Amédée Thierry. III* partie*, ch. 1", page
275.— *Strabon*, liv. IV, page 184.— *Pline*, liv. III, ch. IV.

(2) Les Romains, dit Papon, firent d'Antibes une ville latine, et la
décorèrent des mêmes édifices publics que les colonies du premier or-

Antipolis prit, dès lors, un rapide accroissement et demeura, jusqu'à la fin du V⁰ siècle, une des places les plus importantes de la Gaule Narbonnaise. Mais les invasions successives des Wisigoths et des Franks, et plus tard celles des Sarrasins détruisirent tout ce que les Grecs et les Romains avaient élevé dans cette ville, jadis si florissante. Antipolis, non loin de Fraxinet, ce repaire des ennemis de la religion du Christ, et voisine du monastère de Lérins, ne fut, pendant plusieurs siècles, qu'un champ de bataille. Deux ou trois fois ruinée par les Sarrasins, et toujours repeuplée, elle essaya vainement de reconquérir son ancienne splendeur, elle ne fit que traîner, si nous pouvons nous exprimer ainsi, une chétive existence ; car il lui manquait l'essentiel : elle n'avait plus d'eau.

dre. Ils y firent construire un théâtre, dont on voit encore quelques vestiges. Il en est fait mention dans une inscription gravée sur une pierre, qui a la forme d'une porte : on a représenté au-dessus de l'inscription trois cyprès, et au-dessus une urne, de laquelle sortent deux tiges de lierre, arbuste consacré aux danseurs comme aux poètes. En effet, l'inscription fut faite pour conserver la mémoire d'un enfant de douze ans, qui dansa deux jours de suite sur le théâtre, et mérita les applaudissements du public.

La même ville avait des Décurions et d'autres magistrats municipaux, et un corps d'Utriculaires, espèce de bateliers que nous avons déjà fait connaître.

Une autre inscription fait mention d'un *Equus publicus* : c'est le nom qu'on donnait aux chevaliers qui recevaient un cheval, non pour s'en servir dans la cavalerie, mais par honneur et par distinction. A Rome on était chevalier de naissance ; mais quand on recevait du Censeur ou des Empereurs le cheval, qu'ils donnaient solennellement au nom de la République, on entrait dans les compagnies qui se nommaient *Turnœ Equorum publicorum*, et l'on devenait alors *Equis equo publico*. »

(*Voyage de Provence*, tom. 1, page 375.)

Des deux aqueducs construits par les Romains ; l'un, qui amenait les eaux de la source de la Bouillide et qui s'élevait jadis sur d'élégantes arcades, avait été complètement détruit : il n'en restait que quelques vestiges à une lieue de la ville, comme pour attester l'existence d'un ouvrage immense ; l'autre était souterrain et conduisait les eaux de Biot, il avait été comblé et à peine découvrait-on, de loin en loin, quelquesregards en ruine. Il n'existait dans la ville qu'un seul puits, alimenté par une petite source qui jaillissait dans l'intérieur de la place.

Ce manque d'eau, presque absolu, s'était toujours opposé au développement d'Antibes et sa population autrefois considérable, était réduite, en 1765, au chiffre de 3,461 habitants. (1)

Telle était la triste situation d'Antibes, lorsque M. d'Aguillon, brigadier des armées du Roi, chef du génie de la place, conçut le projet d'y ramener les eaux de la source de Biot, en rétablissant l'ancien aqueduc romain. — C'était un beau monument à faire revivre et un immense service à rendre à la ville d'Antibes, il fut assez heureux pour atteindre ce double but, mais il eut à lutter contre une foule de difficultés de diverses natures, et, qui le croirait ! le plus grand obstacle ne vint pas du mauvais état de l'aqueduc, abandonné depuis plus de dix siècles : il surgit du sein de la municipalité...... le fait paraît peu croyable ; et cependant rien n'est plus vrai.

Un précieux document que nous devons à l'obligeance d'un de nos amis, neveu de l'ingénieur d'Aguillon (2), va nous permettre de suivre pas à pas, les diverses phases de la résurrection

______

(1) Voir dans Expilly. — Dictionnaire géographique et historique, au mot *Provence : le dénombrement des Communautés de la Provence et Intendance de Provence, divisé par vigueries et par têtes, au mois d'août 1765.*

(2) M. Camille Aguillon, fils de notre ancien député qui a laissé une mémoire honorée.

du monument romain. Nous y trouverons des détails fort intéressants, tant sur la manière dont les Romains établissaient leurs constructions, que sur les divers mortiers et enduits dont ils se servaient. Nous y verrons, en outre, qu'avant la révolution il était aussi difficile qu'aujourd'hui, d'arriver à l'exécution d'une grande mesure d'utilité publique.

Le document dont nous venons de parler fut rédigé pendant l'émigration par M. le général d'Aguillon, pour l'académie royale de Londres, qui lui avait demandé un compte-rendu de la découverte de l'aqueduc romain. (1)

Afin de n'omettre aucun détail sur cette intéressante découverte, nous allons transcrire textuellement le mémoire de M. d'Aguillon :

« Je fus placé à Antibes en qualité d'ingénieur en chef, en 1777. J'y trouvai une population de près de quatre mille âmes (2). Les habitants n'y avaient qu'un seul puits, situé à l'une des extrémités de la ville. La vue des peines qu'ils se donnaient pour se procurer de l'eau, besoin de première nécessité, me fit naître l'idée de rechercher les traces d'un aqueduc qui avait existé autrefois, et dont on apercevait encore quelques faibles ruines, dans la campagne.

« Je visitai d'abord les sources, dont les eaux très abondantes se perdaient dans un ruisseau voisin, qui se dégorgeait dans la mer. Je découvris à peu de distance le bassin, où anciennement elles étaient amenées pour être introduites dans l'aqueduc.

---

(1) M. d'Aguillon avait précédemment envoyé à M. de Fourcroy, membre de l'académie des sciences, qui le lui avait demandé, un mémoire sur le même objet ; mais la révolution éclata peu de temps après, et il ne paraît pas que ce mémoire ait été communiqué à l'académie.

(2) Nous avons vu plus haut que le chiffre réel de la population était de 3,461 ; mais il n'est pas étonnant que M. d'Aguillon ait commis cette erreur dans une évaluation approximative.

« Dans une de mes courses, des paysans me firent remarquer, en deux endroits, une ancienne maçonnerie ras de terre, offrant un vide de deux pieds quarrés, absolument comblé et entouré de murs de dix-huit pouces d'épaisseur. La première de ces maçonneries se trouvait dans la plaine, l'autre était située sur le point le plus élevé de la colline, qu'il fallait traverser pour arriver aux sources.

« La position de ces ruines me fit conjecturer que j'avais enfin trouvé deux anciens regards de l'aqueduc. J'en fus très heureux, car je vis dès lors la possibilité de suivre, dans toute leur étendue, les traces du monument enfoui dans les terres, et c'est ce qui eut lieu en effet.

« Je fis d'abord travailler à décombler le regard situé au haut de la colline ; mais on ne put y pénétrer que jusqu'à 50 pieds, attendu que les eaux latérales, filtrant à travers la maçonnerie, s'y accumulèrent et obligèrent les ouvriers à abandonner l'ouvrage. On remarqua seulement que la maçonnerie des quatre murs était parfaitement conservée, et qu'ils existaient encore dans leur aplomb.

« Nous fûmes plus heureux pour l'autre regard, qui était beaucoup plus rapproché de la ville ; car à peine les ouvriers eurent ils creusé à 13 pieds de profondeur, qu'ils furent étonnés de se trouver dans l'aqueduc.

« L'aqueduc avait deux pieds de large sur quatre de hauteur sous voûte, les ouvriers purent y pénétrer sans obstacle, et, dirigeant leur marche sur la ville, ils furent arrêtés après avoir parcouru trente-deux toises, par un comblement qui se portait jusqu'au cerveau de la voûte. Cet obstacle n'était autre chose que l'éboulement d'un regard qui fut bientôt reconnu et déblayé. La recherche se continua de la même manière ; nous découvrîmes ensuite 19 regards, à trente-deux toises les uns des autres, parcourant ainsi une distance de 800 toises.

« M'étant assuré de l'existence du monument depuis les gla-
cis de la place jusqu'au chemin d'Antibes, et désirant continuer
cette intéressante découverte, je proposai à la municipalité de
fournir une somme de 1,500 livres, qui était nécessaire pour continuer les recherches jusqu'aux sources.

« Mon étonnement fut grand en apprenant, que dans une
séance du conseil municipal, tenue à l'occasion de ma demande,
le premier consul et quelques habitants avaient intrigué pour
faire refuser cette somme.

« Cependant le conseil municipal, tout en refusant de voter
les 1,500 fr., et dans le but de dissimuler son mauvais vouloir, adressa une requête à MM. les administrateurs de la province pour les prier de donner mission au sieur Fabre, archi-
tecte et hydrographe, de venir examiner les sources et l'état de
l'aqueduc. — Cet artiste ne tarda pas d'arriver et, après un mois
de travail, il rédigea un procès-verbal que le maire eut grand
soin de tenir caché. Il en adressa, il est vrai, des copies aux administrateurs, à M de Latour, intendant de la province et au
ministre; mais il ne le communiqua pas au conseil municipal.
Par ce moyen, il parvint à faire oublier l'affaire.

« Bien que je n'eusse aucun intérêt personnel à la découverte
de l'aqueduc, je fus peiné de voir abandonner ce projet ; car
j'étais certain du succès, et il m'en coûtait de renoncer à une
entreprise qui devait procurer de si grands avantages à la ville
d'Antibes.

« Le maire, en ne communiquant pas le procès-verbal du
sieur Fabre au conseil municipal, avait évidemment l'intention
d'empêcher l'exécution de cet utile projet, mais sa conduite fut
dévoilée et il dut en éprouver une grande humiliation. Voici ce
qui eut lieu :

« Un honnête habitant d'Antibes vint me voir un jour pour
me témoigner son chagrin et celui de plusieurs de ses compa-

triotes, au sujet de l'abandon de la découverte de l'aqueduc, dont les premiers essais avait fait espérer un succès si désirable pour la ville. Je lui répondis qu'après la conduite peu convenable du Maire et du Conseil à mon égard, il devait n'être pas surpris de me voir renoncer à un projet qui n'avait pour objet que l'intérêt des Antibois. Ce fut à la suite de cette conversation qu'il me proposa de me faire lire le procès-verbal dressé par le sieur Fabre.

« En effet à la première réunion du conseil municipal, ce particulier qui en faisait partie, demanda au Maire pourquoi il n'avait pas communiqué au Conseil le procès-verbal dressé par l'hydrographe de la province, au sujet de la découverte de l'aqueduc romain, et termina son interpellation en priant le Maire de donner connaissance de ce document à l'assemblée. Le Maire répondit qu'il n'y avait pas lieu de s'occuper de cette affaire en ce moment, attendu que le Conseil avait été convoqué pour en traiter plusieurs autres. Mais alors divers conseillers se levèrent, protestant qu'il ne serait question d'aucun autre objet jusqu'à ce qu'il eut remis sur le bureau le procès-verbal du sieur Fabre.

• Pressé si vivement, le Maire se trouva dans l'obligation de produire ce document qui fut lu séance tenante, et, après délibération, le Conseil statua qu'il serait fait plusieurs copies du procès-verbal dont une me serait communiquée, avec prière de l'examiner, et de vouloir bien faire part de mes observations au Conseil. Les autres copies devaient être distribuées au public.

» Le procès-verbal du sieur Fabre ne contenait que des absurdités qui lui avaient été suggérées par le Maire et par ses adhérents. Après avoir reconnu que les eaux, analysées par lui étaient bonnes et abondantes, il ajoutait qu'on ne pourrait jamais les amener dans la ville au moyen de l'aqueduc, vu l'impossibilité où on serait d'y introduire des ouvriers pour le répa-

rer. Or, il avait visité lui-même dans toute son étendue , de 800
toises , la partie de l'aqueduc qui avait été découverte , et dans
laquelle les ouvriers avaient déjà pénétré et travaillé.

» Vers la fin de l'année 1782, l'administration municipale
fut changée. La première réunion de la nouvelle administration
fut consacrée à l'examen du projet de restauration de l'aqueduc.
Après avoir pris connaissance de mes observations sur le peu de
valeur des objections présentées par le sieur Fabre , le Conseil
municipal donna mission aux consuls de me remercier et de
m'annoncer que les 1,500 francs, nécessaires pour continuer la
découverte du monument, seraient fournis par la communauté.
Les consuls étaient chargés en outre de me prier au nom de tous
les habitants de la ville, de vouloir bien me charger de continuer la conduite de la découverte de cet intéressant ouvrage.

» L'ancien maire fut d'autant plus humilié, qu'on lui reprocha
la dépense inutile de 1,200 francs qu'il avait faite pour payer
les frais de voyage du sieur Fabre.

» Les travaux furent repris dans les premiers jours de l'année 1783. Arrivés au bas de la colline les ouvriers trouvèrent
les regards plus éloignés les uns des autres. Ils rencontrèrent
dans leur marche un puits qui avait 25 pieds de diamètre. Le
hasard seul l'avait fait construire sur la voute dégradée de l'a-
queduc. L'eau y était abondante, et sa position y occasionnait
un phénomène, dont on n'avait pu découvrir la cause. Lorsqu'il survenait de grosses pluies, le puits se remplissait d'eau
jusqu'à la margelle, d'où elle se répandait dans la campagne.

» La connaissance que j'avais de l'existence de l'aqueduc sur
toute l'étendue de la colline, par la position du regard situé sur
le point le plus élevé, me donna le moyen d'expliquer cette
crue des eaux dans toute la hauteur du puits.

» La position de ce puits au bas penchant de la montagne, sa
situation très éloignée du point le plus élevé, ne laissait aucun

doute sur l'existence d'autres regards intermédiaires , tous plus profonds que le puits, en raison de la pente de la colline. Or , au moment des pluies, les eaux remplissant les regards par les filtrations, s'écoulaient dans l'acqueduc et le comblaient. Les colonnes d'eau, dans les regards , pesant sur l'eau renfermée dans l'aqueduc, qui n'avait d'autre issue que celle du puits, faisait monter cette eau jusqu'à la margelle.

» Cette démonstration me prouva une fois de plus l'existence de l'aqueduc dans toute l'étendue de la montagne.

» Les regards se trouvant dans cette partie beaucoup plus éloignés les uns des autres, le travail des ouvriers était très-pénible, car l'air circulait difficilement à cause du grand enfoncement de l'aqueduc dans les terres ; cependant ils parvinrent au regard situé sur la hauteur de la colline. Ce regard avait 72 pieds de profondeur.

• Sur l'autre penchant de la colline les regards étaient encore plus éloignés les uns des autres. Malgré tous ces obstacles, les ouvriers arrivèrent jusqu'aux ruines des arceaux que les Romains avaient construits, sur un terrain marécageux, pour porter l'aqueduc à fleur de terre.

• A cet endroit on perdit la trace de l'aqueduc. Il existait cependant encore une étendue de près de 800 toises, pour arriver aux sources. Cet espace était occupé par une vaste prairie. Je remarquai que la prairie était sillonnée par une longue trace où la végétation se trouvait plus en retard que partout ailleurs, j'en conclus que là était la route du monument. Je fis ouvrir des tranchées, et à deux pieds plus ou moins de profondeur on trouva partout la trace de l'aqueduc. Ce fut ainsi que nous atteignimes le dernier bassin situé près des sources, nous avions parcouru, de regards en regards, une étendue de 2,460 toises. (5 kilomètres environ).

• La découverte de l'aqueduc étant ainsi complétée, je fis une

estimation de la dépense que pourrait occasionner le rétablissement du monument Nos calculs en portèrent le chiffre à 72,000
livres.

» Après avoir pris connaissance de mon rapport, les consuls votèrent immédiatement 24,000 livres pour commencer
les travaux, et adressèrent aux Etats de la Province et au
Gouvernement, une demande dans le but d'obtenir le surplus
de la somme qui leur était nécessaire. »

. . . .

Nous suspendons un moment le récit de M. d'Aguillon pour
faire connaître la délibération qui fut prise le 8 décembre 1783,
au sujet de cette affaire, par l'assemblée générale des communautés du pays, réunie à Lambesc.

Cette délibération que nous trancrivons ci-après, dépeint l'état
de dépérissement dans lequel se trouvait la ville d'Antibes
avant le rétablissement de l'aqueduc. Le retour des eaux dans
cette ville parait y avoir ramené la prospérité ; car depuis lors
sa population qui n'était en 1765 que de 3,461 âmes s'est toujours accrue, et, aujourd'hui, elle dépasse le chiffre de 6,000.

Délibération de l'assemblée générale
des Communautés.
DU 8 DÉCEMBRE 1783.

« M. Siméon, fils, assesseur d'Aix, procureur du pays (1) a
dit :

(1) Quand on parlait de ce Siméon, avant la révolution , on ne manquait pas, comme on le fait ici, de rappeler qu'il était *fils* du célèbre
jurisconsulte, professeur en droit et assesseur d'Aix, (Joseph-Sextius
Siméon, né à Aix, le 8 mars 1717 et mort dans la même ville, le 6 avril
1788 ; mais, depuis lors, la renommée du fils a si bien absorbé celle du
père que, pour désigner ce dernier, on ne dit plus le *célèbre jurisconsulte*,
on dit : le père du *célèbre Siméon*.

« La communauté d'Antibes n'a d'autre eau que celle d'un puits creusé vers la porte Royale, auquel il faut aller, de tous les quartiers de la ville, puiser de l'eau. Elle n'a point de lavoir public. On est obligé de recourir à une grande distance, (à la rivière de la Brague) ou d'employer l'eau de la mer. Les jardins et les environs de la ville n'ont point d'arrosages. On attribue au manque d'eau la dépopulation de la ville. Les maisons écra-

Nous disons donc que ce Siméon, fils, (Joseph-Jérôme, né à Aix, le 30 septembre 1749, et mort à Paris, le 19 janvier 1842, âgé de 93 ans), qui rédigea le remarquable rapport que nous transcrivons ci-dessus, et qui prenait un si vif intérêt à Antibes, fut le fameux Siméon : — d'abord asssesseur d'Aix comme son père, puis député au Conseil des Cinq Cents, membre du tribunat et du Conseil d'Etat, un des rédacteurs du Code Napoléon, baron de l'Empire, organisateur et ministre de la justice dans le royaume de Westphalie ; — ministre de l'intérieur sous Louis XVIII (qui le fit comte), pair de France, membre de l'Institut, etc., etc.

Son fils, (Joseph-Balthazar, né à Aix, le 16 janvier 1781, mort à Dieppe, le 14 septembre 1846), conseiller d'Etat, pair de France, membre de l'Institut, fut préfet du Var, de 1815 à 1818. — Il soutint énergiquement la noble résistance des habitants d'Antibes qui ne voulurent pas ouvrir leurs portes à l'étranger. Un monument élevé à Antibes consacre ce souvenir. M. le comte Siméon refusa également de frapper une réquisition sur le Var qu'exigeait le général autrichien Bianchi, et il persista malgré les menaces de ce général. — On conserve encore dans notre département le souvenir de son administration sage et paternelle

Le fils de ce dernier, le comte Henri Siméon, ancien préfet des Vosges, du Loiret et de la Somme, puis député, conseiller d'Etat, représentant du peuple, et enfin sénateur, a été pendant quelques années, président du Conseil général du département du Var, et son fils Edgard Siméon, secrétaire d'ambassade, a également siégé dans le même conseil.

Voilà donc cinq générations d'hommes remarquables (chose rare), qui, tous, se sont intéressés à notre département du Var, où le nom de Siméon est devenu synonyme de *bonté* et *protection*.

sécs pendant le blocus et le bombardement de 1746, sont encore dans l'état de ruine où les ennemis les avaient mises. Antibes peut cependant devenir bien précieux à la Province et à l'État, si, enfin, en y ramenant des habitants et un peu d'activité, on y attire une partie du commerce que Nice n'usurpe que par notre négligence.

» Le gouvernement et le pays ont déjà senti combien il était nécessaire de rétablir le port que les sables du Var engravaient. Des dépenses faites en commun l'ont rendu susceptible de recevoir partout des frégates. Le sieur d'Aguillon, colonel et sous-brigadier au corps royal du génie, après avoir assuré le succès des travaux du port, a tourné ses vues vers un autre objet d'utilité.—Il existe à une lieue de la ville, deux sources abondantes. Calibrées en septembre 1782, elles ont fourni 392 pouces d'eau. —Une tradition ancienne apprenait qu'elles avaient été amenées à Antibes par les Romains. Le sieur d'Aguillon rechercha les traces de l'aqueduc. Après des soins et des fatigues que l'amour seul du bien public peut faire supporter, il est venu à bout de le découvrir en entier. —Il résulte de son travail que l'aqueduc existe, parfaitement conservé, dans tous les points où il n'était pas sur le terrain ou à fleur de terre. Il a dans sa totalité 3,460 toises de longueur ; 1,605 sont en bon état, n'exigeant que de menues réparations, et le déblaiement des terres qui les obstruent ; 675 ont besoin de réparations plus considérables, 180 sont à reconstruire à plein.

» Le sieur d'Aguillon en a remis à la communauté et au pays, un plan bien détaillé, accompagné d'un mémoire où il estime, en 18 articles, toutes les dépenses à faire, non seulement pour remettre les eaux dans l'aqueduc, mais pour les amener jusqu'aux fontaines à construire dans la ville. La totalité de la dépense se monte à 72,000 livres.

« La ville d'Antibes qui a déjà employé mille écus à la découverte de ce superbe monument, espère qu'on ne la laissera pas sans utilité. Elle ne doute pas que le roi ne contribue volontiers au rétablissement d'un ouvrage antique, découvert par un de ses officiers dans une ville militaire, et qui consacrera à la fois son goût pour les arts et son amour pour ses sujets.

« Le comte de Thiard a promis d'appuyer à la cour la demande de la communauté. Le rétablissement de l'aqueduc et la construction des fontaines pourraient être faits dans trois ans. La communauté contribuerait chaque année de 8,000 livres pour la dépense, si Sa Majesté et le pays veulent en accorder chacun autant. Cette eau, utile à la garnison et aux habitants, le sera aussi au commerce.

« L'assemblée a délibéré : 1° de se joindre à la communauté d'Antibes, afin de supplier le roi d'accorder 8,000 livres pendant trois ans pour le rétablissement de l'aqueduc romain à Antibes, et pour la construction des fontaines ; 2° que le pays fournira lui-même pendant le même temps pareille somme. — De plus, l'assemblée a chargé MM. les Procureurs du pays d'écrire au sieur d'Aguillon pour lui donner les témoignages et les éloges que méritent les soins qu'il s'est donnés et pour le prier de suivre autant qu'il le pourra, un ouvrage dont la ville et le pays lui seront principalement redevables et dont il doit désirer la perfection (1). »

La demande de la communauté, appuyée par l'assemblée des États, fut accueillie par le gouvernement, qui alloua la somme de 24,000 livres pour compléter la dépense que devait nécessiter le rétablissement de l'aqueduc.

Les travaux de restauration furent alors entrepris et pour-

____

(1) *Abrégé du cahier des délibérations de l'assemblée générale des communautés. Aix. Joseph David, imprimeur, 1783.*

suivis avec une grande activité. Nous cédons de nouveau la plume à l'ingénieur d'Aguillon :

« Avant d'entrer dans les détails de ce monument, dit-il, il est nécessaire, je pense, de faire connaître la manière dont il a été construit.

« Soit que l'aqueduc fut construit sur le terrain, ou qu'il fut plus ou moins enfoncé dans les terres, partout il était établi sur une base de maçonnerie de six pieds de largeur, sur une hauteur de trois pieds. Le canal où coulaient les eaux, avait deux pieds de largeur, les murs qui portaient la voûte, avaient dix-huit pieds d'épaisseur.—Pour prévenir les infiltrations on avait revêtu les murs et le fond du canal d'un enduit de ciment d'un pouce d'épaisseur.

« Lorsque l'aqueduc régnait sur le terrain, il n'avait que trois pieds de hauteur sous la voûte; les murs, dans toutes leurs positions avaient 18 pouces d'épaisseur. Lorsque l'aqueduc était enfoncé dans les terres jusqu'à 15 ou 18 pieds, sa hauteur était de quatre pieds, de façon qu'un homme pouvait y entrer; lorsqu'il pénétrait plus avant dans la terre, sa construction était la même, elle ne différait que par la voûte : les Romains au lieu d'employer des cintres pour la construire y avaient substitué des briques de 18 pouces de longueur, sur 12 de large. Elles portaient dans le bas sur les murs, s'appuyant l'une contre l'autre ; dans le haut, les briques établies de cette manière étaient à demeure et servaient de cintre à la voûte, qui avait deux pieds d'épaisseur à la clef, réduite à 18 pouces sur les murs.

« La construction des regards est partout la même, le vide est de deux pieds en quarré, les murs ont 18 pouces d'épaisseur, ils ne diffèrent entre eux que par leur hauteur, qui varie selon les localités où ils sont situés.

« Dans les premiers jours du mois de mai 1784 on travailla au rétablissement de l'aqueduc ; les canaux qui amenaient les eaux des trois sources furent réparés ; la maçonnerie de la base fut rétablie à trois pieds de hauteur sur toute l'étendue de la prairie, et l'aqueduc régnant sur le terrain, construit au-dessus. Cet ouvrage fut poussé jusqu'aux arceaux dont il a déjà été parlé. Dans l'étendue de la montagne l'aqueduc était en bon état et n'exigea que de légères réparations. Enfin, vers le 25 octobre, l'aqueduc se trouva rétabli, depuis les sources jusqu'au point où il traverse le chemin d'Antibes à Nice. ·

« Les personnes de la ville qui s'étaient opposées à la découverte de l'aqueduc, ne cessaient de vouloir persuader à leurs concitoyens, que jamais je ne parviendrais à faire arriver les eaux à la ville, que la dépense que l'on faisait était en pure perte. Pour faire cesser leurs craintes, je fis, à l'entrée de la nuit, introduire les eaux des sources dans l'aqueduc.

« Le lendemain, les ouvriers de la campagne et les voyageurs, furent très étonnés de trouver le grand chemin inondé, et les environs couverts d'eau. Ils cherchèrent à découvrir d'où elles pouvaient être venues, et ne furent pas peu surpris de les voir sortir de l'aqueduc. — Les prétendus incrédules, pour se convaincre du fait, accoururent ; ils virent que les plus grandes difficultés étaient vaincues puisque les eaux avaient pu traverser toute l'étendue de la montagne ; dès lors ils furent forcés de convenir que le succès était complet et que malgré leur mauvaise volonté et leurs procédés décourageants, je rendais un service inapréciable au pays. »

Lorsque l'assemblée des Etats du pays, qui était réunie à Lambesc eut connaissance de ce premier résultat obtenu par M. d'Aguillon, elle lui adressa des félicitations. Elle prit à cet effet, le 5 décembre 1784, la délibération suivante :

« Le Seigneur, Archevêque d'Aix, Président des Etats, pre-
« mier Procureur du Pays né, a dit :

« L'assemblée est instruite de l'intelligence et du zèle avec

« lesquels le sieur d'Aguillon, brigadier des armées du Roi au
« corps royal du génie, a suivi la découverte et la restauration
« de laqueduc d'Antibes. Quoique le rétablissement n'en soit pas
« encore entièrement terminé, le succès en est certain. Il n'est
« pas possible de différer de donner à l'officier qui y a présidé
« si généreusement, les marques de la satisfaction du Pays pour
« ses services et pour son zèle patriotique.

« L'Assemblée a prié MM. les Procureurs du pays d'offrir au
sieur d'Aguillon un présent de la valeur de trois mille livres,
de la manière et de la forme qu'ils jugeront la plus convenable,
pour désigner l'utilité de ses services et la reconnaissance du
pays. » (1)

Dans le courant de l'année suivante, M. d'Aguillon acheva la
restauration de l'aqueduc. Il rend compte de cette dernière opération, en ces termes :

« Les travaux furent repris au mois d'avril 1785. Les parties
de l'aqueduc qui régnaient sur le terrain, et qui avaient été dé-
molies furent reconstruites à neuf. Les regards qui existaient,
depuis les sources jusqu'à la ville, furent exhaussés au-dessus
du sol et recouverts de pierre de taille. On éleva dans le ravin,
près de la ville, et dans les fossés de la place, des arceaux pour
porter l'aqueduc. La face du bastion de Rosny fut percée pour
introduire les eaux à travers le rempart. Enfin, ce monument
des Romains, perdu depuis si longtemps fut parfaitement rétabli vers la fin de juillet de la même année.

« J'indiquai le jour où j'introduirais les eaux dans l'aqueduc.
Les habitants, la garnison et nombre de curieux des environs
s'assemblèrent sur les remparts et dans le bastion Rosny. Vers
les trois heures de l'après-midi, on vit arriver une colonne d'eau
qui se précipita de 13 pieds 6 pouces de haut sur le sol du bas-

(1) Abrégé du cahier des Délibérations. — Aix. 1784, page 157.

tion. Sa largeur était de 19 pouces et sa hauteur de 13, formant une section de 47 pouces quarrés d'eau. En 65 minutes, elles avaient parcouru l'étendue de 2,460 toises, depuis les sources, jusqu'à la ville, coulant sur une pente ou plan incliné de près de 3 pouces par cent toises. D'où il résulte que les sources sont élevées de 6 pieds 3 pouces, au-dessus du point où elles arrivent dans le bastion Rosny.

« La joie des habitants se manifesta par de vives et réitérées acclamations. J'avoue de bonne foi que je fus flatté d'avoir pu réussir à faire renaître cet antique monument des Romains, malgré tous les obstacles que j'avais eus à vaincre, et dont il devait résulter un si grand avantage pour les habitants de cette ville.

« OBSERVATIONS SUR QUELQUES OBJETS RELATIFS A LA DÉMOLITION DES DEUX REGARDS SITUÉS SUR LE PENCHANT DE LA MONTAGNE, DONT LA MAÇONNERIE S'ÉTAIT TROUVÉE DÉLABRÉE.

« Dans la démolition du premier de ces regards, qui avait 37 pieds de profondeur, on trouva sur la surface d'un des murs, une concrétion ou stalactite, de 16 pouces de hauteur sur 14 de largeur. Elle était d'un blanc terne ; elle fut taillée et réduite à un pied cube. Sa formation s'était opérée par des filtrations, et par une multitude de couches excessivement minces, entassées les unes sur les autres. Ce bloc souffrit le poli, et son poids différait de très peu de celui du marbre. Cette production de la nature annonce que ce monument des Romains devait exister depuis nombre de siècles ; et il y a tout lieu de conjecturer, par des médailles de Jules César trouvées dans l'aqueduc, qu'il avait été construit sous le règne de cet empereur.

« En démolissant ce regard on observa que, sur toute la hauteur des 37 pieds, la montagne n'était formée que d'une terre marne, compacte, sans autre mélange que quantité de coquilles marines, dont quelques-unes étaient aussi grandes que la main; et l'on fut étonné de trouver, sur la voute de l'aqueduc, une couche de trois pieds d'épaisseur d'une terre rougeâtre végétale, de la même nature que celle qui existait sur la surface de la terre.

« Dans la démolition de l'autre regard, éloigné de plus de 100 toises du précédent, et par conséquent beaucoup plus profond, on trouva sur la hauteur la même nature de terre marne et, sur la voûte, la même couche de terre végétale. Cette observation m'avait déjà fait penser que les Romains, pour éviter de faire un déblai immense dans toute l'étendue de la montagne, avaient creusé une galerie souterraine pour y construire l'aqueduc, l'existence de la terre végétale sur la voûte de cet autre regard, me confirma dans cette opinion et je ne doutai plus que les Romains avaient rapporté cette terre après la construction de l'aqueduc.

Composition du Ciment dont les Romains faisaient usage, pour empêcher les filtrations dans leurs aqueducs.

« Pour connaître la nature de ce ciment, j'en fis arracher un morceau dans l'aqueduc, que je décomposai ; je crus reconnaître qu'il était fait avec de la chaux vive, de la pouzzolane et des morceaux de briques concassées. D'après cet aperçu, je fis prendre un tiers de pouzzolane, que l'on corroya en y mêlant des morceaux de briques préparés à cet effet. Après que ces matières eurent été bien mélangées, on éteignit la chaux et on en composa un pâton que l'on laissa reposer quelques heures. Après quoi on le corroya de nouveau jusqu'à le rendre malléable. Le maçon l'étendit ensuite dans le fond de l'aqueduc, sur une épaisseur de 14 à 15 lignes ; ensuite le maçon battit, avec une pelle en bois, à petits coups redoublés, le ciment, pour l'unir, le

comprimer et le réduire à un pouce d'épaisseur. Par ce travail
on empêche qu'il ne reste aucun vide dans l'enduit, et on oblige
les parties humides de se porter sur la superficie. Le maçon doit
alors, avec sa truelle, lisser l'enduit pour prévenir les gerçures
qui pourraient se former.

« Ce travail doit se renouveler plusieurs jours de suite, jusqu'à ce que l'on s'aperçoive que l'enduit est bien sec. Il se forme,
par lissement, sur sa surface, une pellicule que j'avais remarquée
sur l'enduit des Romains; ce qui m'avait fait supposer que c'é-
tait une couche étrangère qui avait été appliquée, et dont je n'a-
vais pu reconnaître la composition. Ce résultat me convainquit
que j'avais parfaitement réussi à imiter le ciment des Romains.
On en a fait usage, avec succès, dans toutes les parties de l'a-
queduc qui ont été refaites à neuf. »

Ici finit le mémoire de M. d'Aguillon. Nous n'avons omis
aucun des détails qu'il contient, même les plus spéciaux, dans
la pensée qu'ils seraient lus avec intérêt par les personnes qui
s'occupent d'archéologie et auxquelles notre travail s'adresse
plus particulièrement.

Voici dans quels termes il fut rendu compte à l'Assemblée
des États du pays, le 13 novembre 1785, du complet achève-
ment de l'aqueduc et de la remise de la récompense qui avait
été votée, en faveur de M. d'Aguillon, dans une précédente
réunion :

« La dernière assemblée, dirent les Procureurs du pays, nous
avait chargés d'offrir, en son nom, au sieur d'Aguillon, officier
du génie et brigadier des armées du roi, un présent de la valeur
de 3,000 livres en reconnaissance des soins qu'il a bien voulu
se donner pour la découverte et la restauration de l'aqueduc
d'Antibes.

» Nous avons employé cette somme à diverses pièces de
vaisselle, qui ont été remises au sieur d'Aguillon.

» Nous nous empressons d'annoncer à cette Assemblée que les soins de cet officier ont été couronnés par le plus heureux succès. Les eaux versées dans l'aqueduc le 21 juillet dernier, sont parvenues sans obstacle dans l'intérieur de la ville aux acclamations de tous les habitants.

» Sur le compte qui en a été rendu à Sa Majesté, le roi a bien voulu donner au sieur d'Aguillon un témoignage honorable de sa satisfaction, en lui accordant une pension de 1,500 livres.

» Nous devons cette marque des bontés paternelles de Sa Majesté, pour le pays de Provence, aux soins que M. le maréchal de Beauvais, M. le comte de Thiard, M. l'archevêque d'Aix et M. l'intendant ont bien voulu donner dans cette occasion intéressante.

» Nous devons annoncer encore à l'assemblée que non seulement, la dépense n'a pas excédé la somme portée par le devis, mais qu'encore les soins et l'attention de M. d'Aguillon ont épargné mille livres sur cette somme (1). »

Si M. d'Aguillon rencontra de l'opposition là où il aurait dû trouver sympathie et encouragement, et s'il eut de grands obstacles à vaincre au début de son œuvre, il en fut aussi bien honorablement récompensé, après le succès.

Indépendamment des félicitations si flatteuses qui lui furent votées par la communauté d'Antibes et par l'Assemblée des États du pays; en outre du don des mille écus de vaisselle qu'il reçut à titre de récompense publique, et de la pension de 1,500 livres que le roi lui accorda, il obtint encore un témoignage durable de la reconnaissance de ses concitoyens. La population d'Antibes, voulant en effet, perpétuer le souvenir du service

____

(1) Abrégé du cahier des Délibérations. — Aix, 1785, page 20.

qu'elle avait reçu de M. d'Aguillon, fit graver sur la principale
fontaine de cette ville une inscription ainsi conçue :

SOUS LE RÈGNE DE LOUIS XVI
LA RECONNAISSANCE
A ÉLEVÉ CE MONUMENT
A M. D'AGUILLON
BRIGADIER DES ARMÉES DU ROI
AU CORPS ROYAL DU GÉNIE
DONT LES SOINS ET LES TALENTS
ONT RENDU A CETTE VILLE LES EAUX
QU'ELLE DEVAIT A LA BIENFAISANCE DES ROMAINS
PAR LA DÉCOUVERTE ET LE RÉTABLISSEMENT
DE L'AQUEDUC QUI LES Y PORTAIT.

Cette inscription fut détruite pendant la révolution de 1789.
Le nom du roi martyr qui la décorait était tout son crime Les
bons patriotes ne pouvaient décemment laisser subsister un
monument entaché d'aristocratie, on délibéra s'il y avait lieu de
démolir la fontaine elle-même ; mais les moins enragés, opinè-
rent pour faire grâce au monument qui leur fournissait de l'eau :
on se contenta d'effacer l'inscription.

Après la restauration, la municipalité eut la bonne pensée de
rétablir ce témoignage de la reconnaissance des Antibois envers
leur bienfaiteur. La réintégration de l'inscription commémorative eut lieu en grande pompe et on y ajouta les lignes suivantes :

DÉTRUITE PAR L'ANARCHIE EN 1793
CETTE INSCRIPTION
A ÉTÉ RÉTABLIE PAR LE CORPS MUNICIPAL
SOUS LE RÈGNE DE LOUIS LE DÉSIRÉ
EN 1824.